La Campana de la Libertad

Julie Murray

I0802285

Abdo Kids Junior es una
subdivisión de Abdo Kids
abdobooks.com

Abdo
SÍMBOLOS DE LOS ESTADOS UNIDOS
Kids

abdobooks.com

Published by Abdo Kids, a division of ABDO, P.O. Box 398166, Minneapolis, Minnesota 55439.
Copyright © 2020 by Abdo Consulting Group, Inc. International copyrights reserved in all countries. No part of this book may be reproduced in any form without written permission from the publisher.
Abdo Kids Junior™ is a trademark and logo of Abdo Kids.

Printed in the United States of America, North Mankato, Minnesota.

102019

012020

THIS BOOK CONTAINS RECYCLED MATERIALS

Spanish Translator: Maria Puchol

Photo Credits: Alamy, Getty Images, Granger Collection, iStock, Shutterstock

Production Contributors: Teddy Borth, Jennie Forsberg, Grace Hansen

Design Contributors: Christina Doffing, Candice Keimig, Dorothy Toth

Library of Congress Control Number: 2019944281

Publisher's Cataloging-in-Publication Data

Names: Murray, Julie, author.

Title: La Campana de la Libertad/ by Julie Murray.

Other title: Liberty Bell. Spanish

Description: Minneapolis, Minnesota : Abdo Kids, 2020. | Series: Símbolos de los Estados Unidos | Includes online resources and index.

Identifiers: ISBN 9781098200756 (lib.bdg.) | ISBN 9781644943762 (pbk.) | ISBN 9781098201739 (ebook)

Subjects: LCSH: Liberty Bell--Juvenile literature. | United States--History--Revolution, 1775-1783--Juvenile literature. | Historic buildings--Pennsylvania--Philadelphia--Juvenile literature. | Emblems, National--United States--Juvenile literature. | Spanish language materials--Juvenile literature.

Classification: DDC 974.811--dc23

Contenido

La Campana de la Libertad

Esta campana representa la libertad.

PROCLAIM LIBERTY
BY ORDER OF THE
PASS AND STOW
PHILADA
MDCCLIII

Está hecha de **cobre** y **estaño**.

7

Tiene palabras inscritas.

CLAIM LIBERT
ORDER OF THE

Está en Filadelfia. Se tocó por primera vez en 1752.

PROCLAIM LIBERTY
BY ORDER

Estaba colgada en el **Capitolio**.

Se tocaba para los **eventos** importantes. La gente se acercaba a escuchar las noticias.

La campana se hizo sonar por última vez en 1846. Tenía una grieta en su superficie.

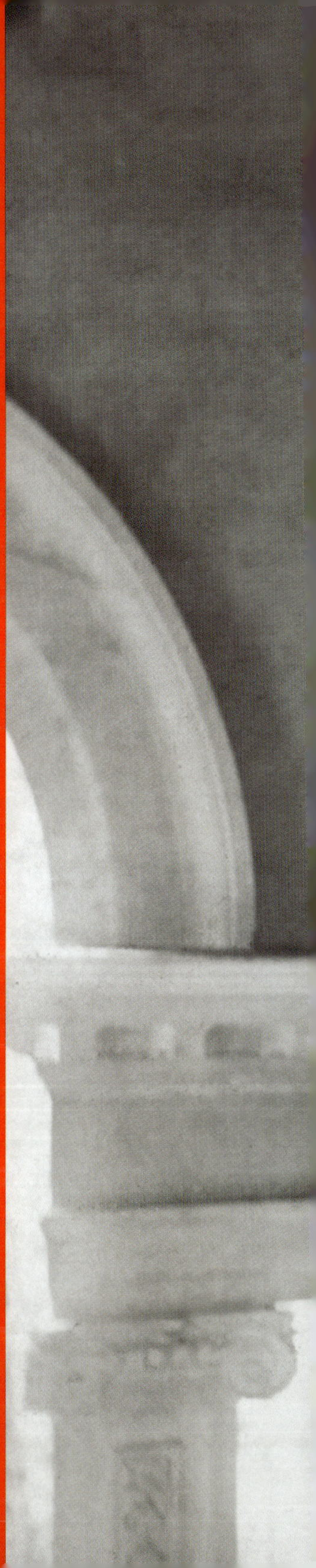

Hoy en día está en el Centro de la Campana de la Libertad, *Liberty Bell Center,* en inglés.

¡Que suene la libertad!

¿Qué tiene esta campana?

libertad

Proclame la LIBERTAD en todas las partes de toda la Tierra
a todos los habitantes de ésta Lev. XXV. v X.

gente

verso de la Biblia
Levítico 25:10

Según orden de la ASAMBLEA de la Provincia de
PENSYLVANIA para el Capitolio de Philad^A

forma antigua de
escribir Pensilvania

Filadelfia

Pass and Stow
Philad^A
MDCCLIII

creadores de
la campana

1753

Glosario

Capitolio
edificio donde se reúnen los legisladores estatales.

cobre
metal de color rojizo que se usa para hacer algunos objetos.

estaño
metal blando de color gris claro.

evento
cosa importante que ocurre.

Índice

Abdo Kids
ONLINE
FREE! ONLINE MULTIMEDIA RESOURCES

¡Visita nuestra página abdokids.com y usa este código para tener acceso a juegos, manualidades, videos y mucho más!

Usa este código Abdo Kids
ULK5366
¡o escanea este código QR!